»Hallo, mein Name ist Anni Karotte. Ich leite hier die Ermittlungen. Willkommen im Team. Ich habe gehört, dass du besonders gut im messerscharfen Kombinieren bist. Solche Leute können wir hier gut gebrauchen, wenns mal wieder hoch hergeht. Noch dabei ist Hannes – entschuldige: Kommissar Johannes Hempel, der Spezialist für Witze und Scherzfragen, du wirst schon sehen. Also: Willkommen und viel Spaß und Erfolg bei unseren rätselhaften Fällen!«

Auf den beiden letzten Seiten kannst du überprüfen, ob du richtig kombinierst!

»Mein Name ist Karotte, ich bin von der Kriminalpolizei, guten Tag. Wir sind nach Ihrem Anruf so schnell wie möglich gekommen, Frau, ähm, Blankenstein?« Anni Karotte und ihr Kollege Johannes Hempel schauen verdutzt durch die Tür, denn vor ihnen stehen zwei ältere Damen, die sich wie ein Ei dem anderen gleichen. Der einzige sofort erkennbare Unterschied ist, dass eine der beiden einen Hund auf dem Arm hat. Erst beim genauen Hinsehen findet Anni Karotte noch fünf Unterschiede.

Findest du sie auch?

»Wer von Ihnen hat uns denn angerufen?«, fragt Anni freundlich. »Der Kollege konnte uns nicht genau sagen, worum es geht.« »Ich war das, Adelaide Blankenstein. Das ist meine Schwester Elfriede Elmenhorst. Wir wohnen zusammen«, antwortet die Dame ohne Hund und unterdrückt ein Schluchzen. »Mein Liebling ist weg! Ich mag mir gar nicht vorstellen, was diese Unmenschen mit ihm gemacht haben!« »Ihr Enkel ist also verschwunden. Seit wann vermissen Sie ihn denn?« »Aber doch nicht mein Enkelkind – mein Hund! Ich habe das Halsband vor der Tür gefunden. Hier, sehen Sie? Mein kleiner …« Vor lauter Schluchzen können Anni und Hannes den Namen des Hundes nicht verstehen. Aber das zerrissene Halsband verrät ihn.

Wie heißt Adelaides Hund?

»Ach so, ein Hund«, denkt Hannes, guckt die Zwillinge an und grinst sich eins, ihm ist nämlich einer seiner Lieblingswitze eingefallen:

»Jochen ist bei seinen Nachbarn zum Essen eingeladen. Er bekommt kaum etwas runter, denn vor ihm sitzt der Dackel der Nachbarn und knurrt und fletscht die Zähne. Schließlich fragt Jochen ängstlich: ›Was hat er denn?‹ ›Ach, kümmern Sie sich nicht darum‹, meint die Nachbarin. ›Sie essen nur von seinem Lieblingsteller.‹«

»Tut uns sehr Leid, aber für Hunde sind wir nicht zuständig«, bemerkt Anni und unterbricht, als ihr Handy klingelt. »Entschuldigen Sie, dienstlich. – Ja? Karotte am Apparat.« Als die Kommissarin das Handy wegsteckt, zwinkert sie Hannes zu: »Unsere Zuständigkeit ist gerade auf Hunde erweitert worden. Na, dann erzählen Sie uns doch erst mal, was passiert ist.« Beim Reingehen flüstert sie Hannes etwas zu.

Was sagt Anni zu Hannes?

»Purzelchen ist heute nicht von seinem Morgenspaziergang wiedergekommen«, beginnt Adelaide Blankenstein.
»Morgenspaziergang? Ihr Hund macht allein einen Morgenspaziergang?«, fragt Anni.
»Na, ich bitte Sie, unser Park ist ja nun groß genug, dass Purzelchen sein Geschäft ungestört verrichten kann. Und allein ist er ja auch nicht, Lörchen ist doch immer bei ihm. Die beiden spielen und tollen herum, aber spätestens zum Frühstück kommen sie immer zusammen zurück. Aber heute Morgen ist Lörchen allein gekommen und war ganz verstört. Und dann haben wir das kaputte Halsband gefunden ...« Gerade als Adelaide und Elfriede gemeinsam zu schluchzen anfangen, klingelt der Briefträger.
Elfriede geht zur Tür und kommt mit drei Umschlägen zurück. Einer davon ist ein Erpresserbrief.
Welcher Umschlag enthält wahrscheinlich das Erpresserschreiben?

Mit zitternden Händen öffnet Adelaide den Umschlag und faltet einen Brief auseinander. Sie stutzt und runzelt die Stirn. Nach einer Weile sagt sie: »Purzelchen lebt! Er ist entführt worden. Diese Verbrecher haben die Nerven, das Erpresserschreiben zu verschlüsseln. Aber da haben sie wohl nicht mit meiner Rätselleidenschaft gerechnet.«
Kannst du das Schreiben auch entschlüsseln?

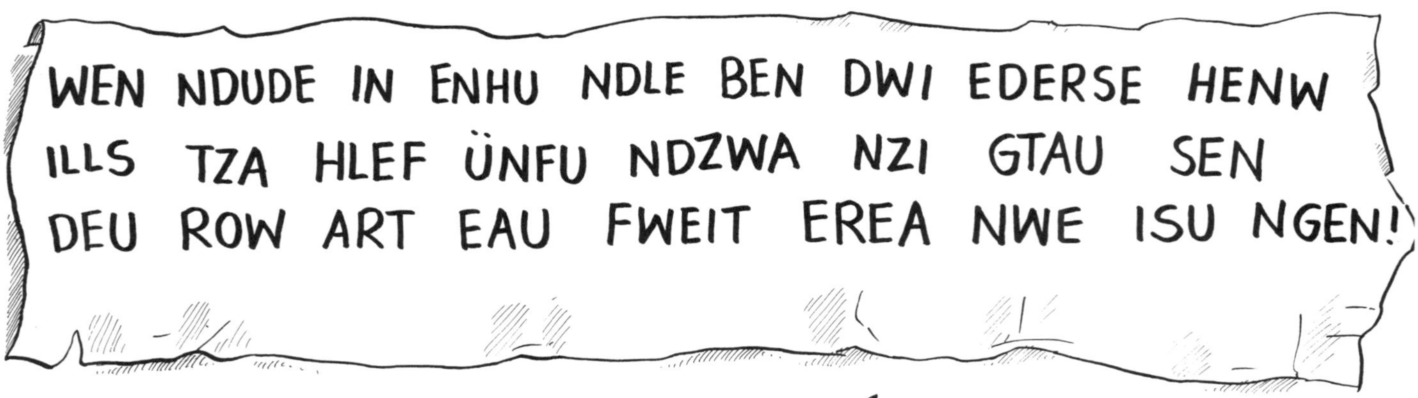

»Vielleicht ist es aber auch jemand, der Ihre Rätselleidenschaft ganz genau kennt?«, fragt Anni Karotte vorsichtig.
»Ach, aber davon weiß doch eigentlich nur meine Familie«, meint Adelaide. Plötzlich wird sie blass. Unsicher zeigt sie an die Wand. »Sehen Sie? Hier hängen Fotos von allen, aber die meisten sind schon tot: Mein Bruder Horst und seine Frau Beatrix, mein Schwager Dietrich, meine Mutter Gisela. Nur Alfred, Elfriedes Sohn, und ihre Tochter Klarissa sind quicklebendig. Und natürlich Friedrich Blankenstein, der Sohn unseres verstorbenen Bruders Horst, aber den kennen Sie ja. Schließlich ist er Ihr Chef.«
Setze jeweils das richtige Stück Rahmen ein, um herauszufinden, welche Bilder Alfred und Klarissa zeigen.

Nachdem sogar Elfriede zugibt, dass ihr Sohn Alfred in letzter Zeit Schulden gemacht und die vermögende Adelaide mehrfach um große Summen gebeten hat, beschließen Anni und Hannes, Alfred eine Weile zu beschatten. Heute Nachmittag sitzt Hannes im Auto vor Alfreds Haus, gähnt und schießt hin und wieder vor lauter Langeweile ein Polaroidfoto. Leider purzeln ihm die Fotos später durcheinander.

Kannst du die Bilder in die richtige Reihenfolge bringen?

Sofort nimmt Hannes die Verfolgung auf. Das Taxi bringt Alfred zum Hafen. Dort liegt ein großes Passagierschiff am Kai.

Wo fährt das Schiff hin?

1. Adam und ... im Paradies
2. Schlagkräftiger Sportler und Hunderasse
3. Nadelbaum
4. Hundekinder
5. Männlicher Hund (Ü = UE)
6. Asiatisches Getreide
7. Türverschluss und Schokoladenstück

Alfred steht mitten unter den Passagieren und ihren Begleitern. Im Menschengewimmel verliert Hannes ihn kurz aus den Augen. Fluchend nimmt der Kommissar die Passagiere genau unter die Lupe.

Wo ist Alfred?

Hannes hat Alfred nicht an Deck entdeckt und sieht sich ratlos um. In diesem Moment fährt ein Taxi am anderen Ende des Kais los. Hannes ist sich sicher, dass Alfred darin ist, und zögert nicht lange. Er rennt zu seinem Auto und nimmt die Verfolgung auf.

Welchen Weg muss er nehmen, um Alfred nicht zu verlieren?

Mittlerweile ist es dunkel geworden. Hannes sieht Alfred gerade noch in einem Hauseingang verschwinden, kann aber nicht erkennen, ob er einen Schlüssel benutzt hat oder wo er geklingelt hat.

Erkennst du an Alfreds Schatten, in welcher Wohnung er sich aufhält?

»Kriminalpolizei. Guten Abend, Frau Kaminsky. Ist Herr Alfred Elmenhorst bei Ihnen?«, fragt Hannes und zeigt seinen Ausweis durch den kleinen Türspalt.
»Ja, aber, was wollen Sie denn von ihm? Es ist doch nichts passiert?«
»Ich muss mich nur kurz mit ihm unterhalten, darf ich reinkommen?« Wenig später ist Hannes überzeugt, dass Alfred mit der Hundeentführung nichts zu tun hat, denn er hat ein Alibi, das sich mit einem Anruf schnell überprüfen lässt.
Wie lautet sein Alibi?

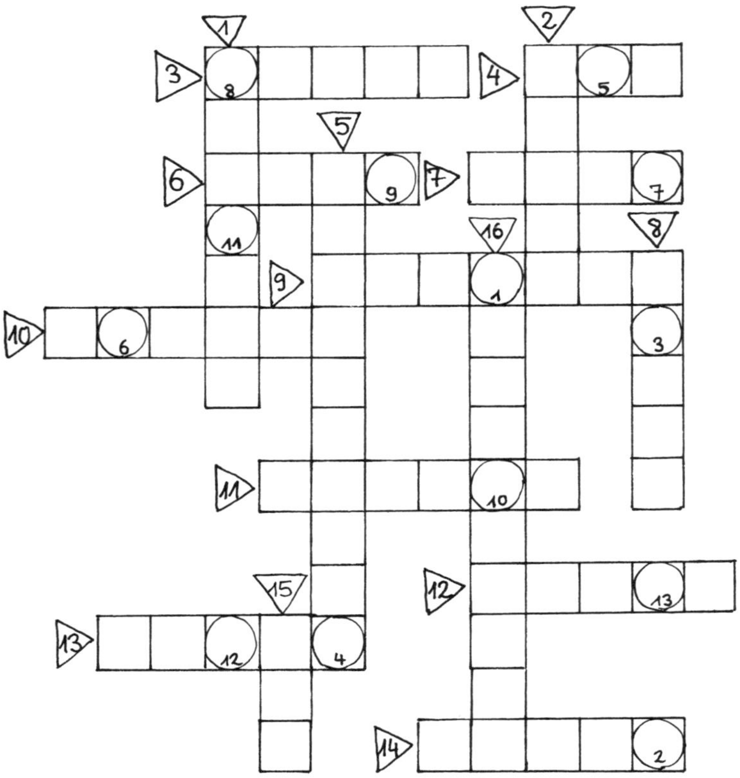

1	2	3	4	5	6	7	8	9	10	11	12	13

1. Größter Meeressäuger
2. Schwarz-weiß gestreiftes Savannentier
3. Nagetier, baut Burgen aus Bäumen
4. Tierpark
5. Fliegendes Säugetier, Vampir
6. Engster Verwandter des Menschen
7. Männliches Schwein
8. Orange-schwarz gestreifte Raubkatze
9. Graues Rüsseltier
10. Schnellstes Landtier der Welt
11. Kleines Insekt mit Riesenkräften
12. Heimisches Raubtier mit rotem Pelz
13. Raubkatze mit Pinselohren; reimt sich auf 12
14. König der Lüfte
15. Raubfisch
16. Anderes Wort für Nilpferd

»Wen meinen Sie denn?«, hakt Hannes sofort nach.
»Ich werde doch niemanden beschuldigen«, grinst Alfred. Er holt etwas aus seinem Koffer. »Sehen Sie sich diese Doppelseite aus meinem Fotoalbum einmal genau an: Die Person, die ich meine, ist nur einmal auf dieser Doppelseite drauf. Sie trägt einen hellen Kragen und Ohrringe, aber keine Hose und keinen Hut. Aber, ich habe nichts gesagt, Herr Kommissar ...«
Wen beschuldigt Alfred?

»Unsinn!« Adelaide ist empört, als Anni und Hannes am nächsten Vormittag bei ihr vorbeikommen und vorsichtig nachfragen, ob ihrer Meinung nach vielleicht Elfriede etwas mit der Entführung zu tun haben könnte. »Elfriede und ich waren die ganze Zeit zusammen. Es ist mal wieder typisch für Alfred, seine arme Mutter anzuschwärzen. Ich sag Ihnen was, der bekommt nichts von meinem Geld, keinen Cent. Das bekommt die kleine Klarissa. Die hat es wenigstens verdient. Kommt jeden Morgen vorbei und frühstückt mit uns alten Schachteln, das gute Kind. Ja, Elfriedes Mädchen ist im Gegensatz zu ihrem Sohn eine wirkliche ...«
In diesem Moment klingelt das Telefon. »Blankenstein, wer spricht?« Adelaide wird mit einem Mal blass. »Ja, natürlich will ich Purzelchen lebend wiedersehen. Sagen Sie mir, was ich tun kann. Ja, ich habe verstanden. Ich komme. Um 15.30 Uhr. Ich stelle einen Koffer mit dem Geld – wohin genau? Können Sie das nochmal wiederholen? An den Ort, der das Zeichen meiner Jugendliebe zu Toni trägt. Und dann warte ich hier zu Hause auf Purzelchen. Keine Polizei. Ja, verstanden.«
Mühsam können Anni und Hannes Adelaide Blankenstein überreden, keinen Alleingang zu unternehmen und den vereinbarten Treffpunkt für die Geldübergabe zu verraten.
Knacke den Rebus und du weißt, wo die Geldübergabe stattfinden soll.

Hektisch rennt Adelaide zu einem Schrank, der mit Taschen voll gestopft ist. »Wo ist sie nur?« »Was suchen Sie denn?«, will Anni wissen. »Für die Geldübergabe nehme ich die Reisetasche, mit der ich in Florida und in Tirol war. Die hat mir immer Glück gebracht.«

Findest du die gesuchte Tasche?

»Wollen Sie denn tatsächlich so viel Geld bezahlen?«, fragt Anni. Und Hannes kann sich nicht verkneifen zu fragen: »Haben Sie denn so viel Geld im Haus?« »Aber selbstverständlich, mein Lieber – im Tresor. Den Banken kann man ja nicht trauen. Leider kann ich mir die Zahlenkombination nie merken, deshalb habe ich sie in einem Ordner notiert. Aber in welchem? Gut, dass ich mir das aufgeschrieben habe.«

- Der Ordner ist mit einer Jahreszahl nach 1994 beschriftet.
- Es ist kein Ordner mit einer geraden Jahreszahl.
- Er hat kein Griffloch am unteren Rand.

In welchem Ordner findet Adelaide die Zahlenkombination für den Tresor?

Als der Tresor aufgeht und Adelaide ohne zu zögern Stapel von Scheinen und Münzen auf den Tisch zu zählen beginnt, denkt Hannes: »So viel Geld für einen so kleinen Hund, Wahnsinn!« »Ich weiß, dass Sie denken, ich bin nicht ganz dicht, das sehe ich Ihrem Gesicht an!« Adelaide zieht die Augenbrauen hoch. »Aber zählen Sie lieber nach, ob es genug ist!«

Liegen wirklich genau 25 000 Euro auf dem Tisch?

Pünktlich um 15.30 Uhr steht Adelaide mit dem Geldkoffer im Buchenwäldchen, wo sich früher immer die Liebespärchen getroffen haben. Sie ruft sich die Worte des Erpressers ins Gedächtnis: »Stelle den Koffer mit dem Geld an den Ort der Lichtung, der das Zeichen deiner Jugendliebe zu Toni trägt. – Natürlich!«, sagt sie plötzlich laut. Sie sieht sich ringsum die Bäume an. »In einen Baum haben wir doch damals ein Herz mit unseren Anfangsbuchstaben eingeritzt.«

Welches ist der richtige Baum?

Von einem Hochsitz in der Nähe aus beobachten Anni und Hannes mit Ferngläsern die Lichtung, auch als Adelaide längst wieder zu Hause ist. »Hier passiert wohl erst mal nichts.« Annie steht auf. »Ich fahre kurz nach Hause und hole warme Sachen für die Nacht. Halte du so lange die Stellung!« »In Ordnung.« Hannes nickt und blickt wieder durch das Fernglas.

Vergleiche die Bilder mit der Zeichnung oben. Welcher Ausschnitt zeigt, was Hannes wirklich sieht?

Hannes ist so müde, dass er sich schon selber Witze erzählen muss, um nicht einzuschlafen.

»Treffen sich zwei Glühwürmchen im Wald. Sagt das eine: ›Also, morgen gehe ich zum Augenarzt.‹ ›Wieso das denn?‹, fragt das zweite. ›Bevor du gekommen bist, habe ich versucht, mich mit einer glühenden Zigarette zu unterhalten.‹«

Schließlich fallen Hannes aber doch die Augen zu. Als Anni zurückkommt und ihn anstupst, fährt er erschrocken hoch, guckt schnell mit seinem Fernglas auf die Lichtung und stößt einen Fluch aus.

Kannst du seinen Fluch entziffern?

Glück gehabt! Die Geldtasche ist nicht abgeholt worden, während Hannes eingenickt war. Anni und der erleichterte Hannes vertreiben sich die Wartezeit auf dem Hochsitz mit Rätselraten und Witzen.

Anni verrätselt für Hannes Wörter, die man vorwärts und rückwärts lesen kann:

- Vorwärts gelesen ist mein Wort ein grauer, ungemütlicher, manchmal unheimlicher Wetterzustand. Rückwärts gelesen ist es das Gegenteil vom Tod.
- Mit diesem Wort paddelt man vorwärts genauso gut wie rückwärts.

Unterdessen ziehen die Polizei-Kollegen Zettelchen, wer Hannes und Anni ablösen und die Lichtung weiter beobachten soll. Seufzend zerreißen zwei Kollegen ihre Zettel in kleine Schnipsel und machen sich auf den Weg.

Welche zwei Kollegen müssen die Nacht im Wald verbringen? Wenn du die Zettel wieder zusammensetzt, erfährst du ihre Namen.

Nachdem Anni und Hannes am nächsten Morgen sowohl ihre Kollegen als auch Adelaide Blankenstein angerufen und gehört haben, dass sich noch nichts getan hat, beratschlagen sie, wie sie weiter vorgehen. »Bis der Entführer sich endlich meldet, können wir eigentlich nur eines machen«, fasst Anni ihre Überlegungen zusammen.

Finde den kürzesten Weg durch das Labyrinth, trage die Gegenstände in die Kästchen ein, und du weißt, was die beiden als Nächstes unternehmen wollen.

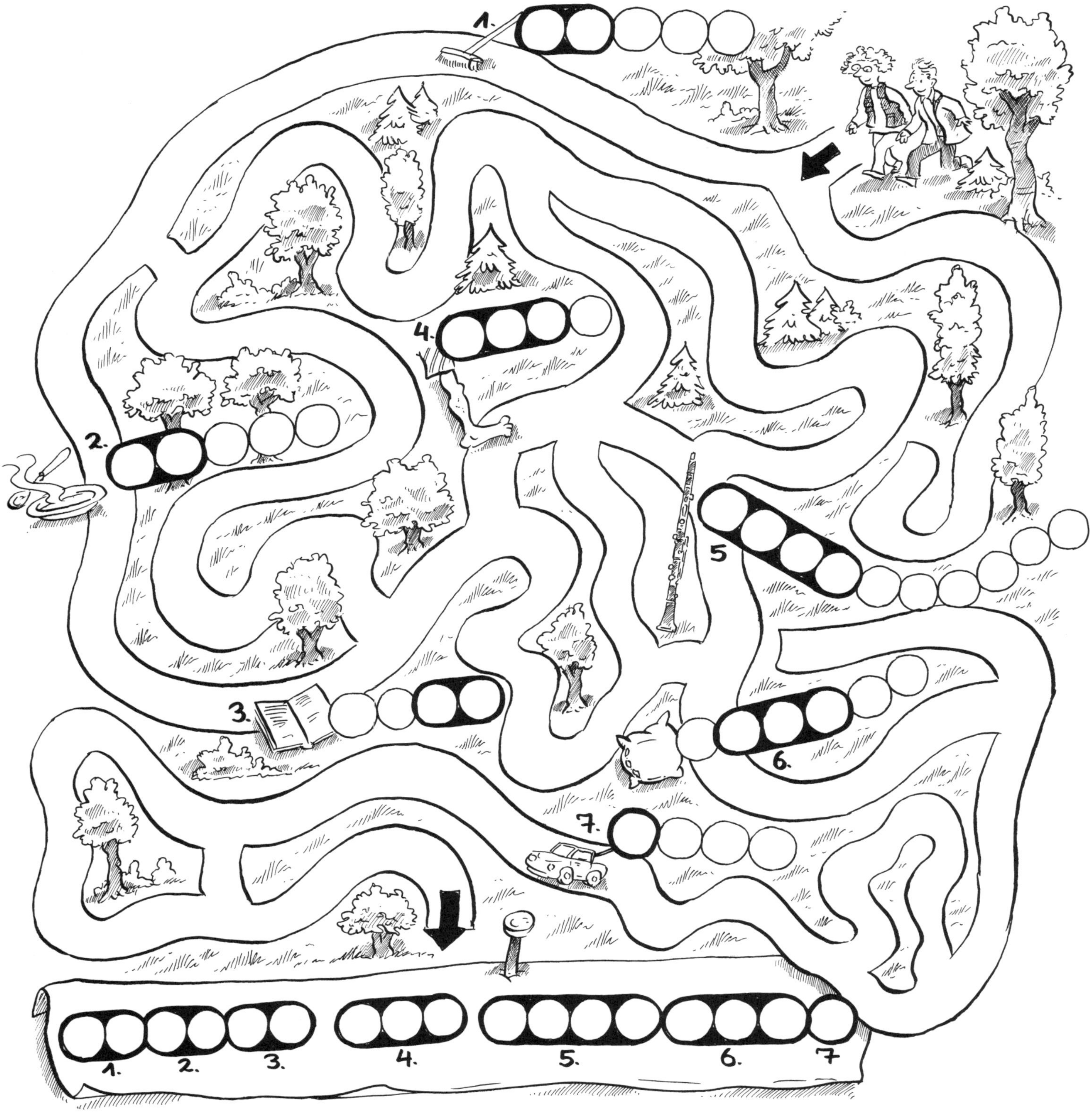

»Mistwetter«, flucht Anni Karotte und schüttelt ihren Schirm aus. »Hier ist es.«
Klarissa Elmenhorst öffnet im Bademantel die Tür. »Ja?«
»Kriminalpolizei, Karotte ist mein Name, das ist mein Kollege Hempel. Wir würden uns gerne kurz mit Ihnen unterhalten. Es geht um den Hund Ihrer Tante.«
Zögernd bittet Klarissa Anni und Hannes hinein: »Muss das sein? Ich bin krank, kann mich kaum auf den Beinen halten und liege seit gestern Morgen im Bett.«
»Nur ganz kurz, bitte. Sie wissen Bescheid über die Entführung?«
»Ja, schrecklich, das mit Purzelchen, gibts denn Neuigkeiten?«
»Verständlich, dass Sie als Hundefreundin besonders betroffen sind von der Entführung.«
»Wie kommen Sie denn darauf? Ich kann Hunde nicht ausstehen. Im Gegensatz zu meiner Tante und meiner Mutter würde ich nie einen Hund in meine Wohnung lassen.«
»Tatsächlich nicht?«, fragt Hannes. »Dann haben Sie jetzt schon zweimal gelogen: Sie haben das Haus verlassen und sie hatten auch einen Hund in der Wohnung.«

Wodurch hat sich Klarissa verraten?

Das Verhör von Klarissa zieht sich in die Länge. Zum wiederholten Mal bohrt Anni nach: »Frau Elmenhorst, es ist offensichtlich, dass Sie etwas mit der Entführung von Purzelchen zu tun haben. Wenn Sie jetzt mitarbeiten, ist das nur zu Ihrem Vorteil.« Auf einmal platzt es aus Klarissa hervor: »Tante Adelaide hat so viel Geld und ich gar nichts. Auch wenn ich mal alles erbe, was nützt mir das? Ich will nicht warten, bis sie tot ist. Aber sie ist so geizig und rückt nie was raus. Und ich habe doch so viel vor!«

Was wollte Klarissa mit dem erpressten Geld machen?

O	S	R	H	O	T	P	K	A	U	L	V	K	Q	Z	L	P	M	N	O
H	R	U	A	E	R	N	A	V	P	E	R	L	E	N	K	E	T	T	E
I	E	S	U	H	R	V	M	K	P	W	O	E	G	C	N	L	K	L	C
D	I	A	T	O	I	L	E	A	X	L	G	I	T	U	H	Z	S	R	B
K	S	G	O	L	D	A	R	M	B	A	N	D	R	H	J	E	U	O	H
B	E	I	N	F	P	K	A	L	J	F	G	E	E	L	O	U	S	V	D
A	N	Q	G	H	R	U	S	O	M	D	U	R	A	L	H	A	N	D	Y
E	H	D	I	A	M	A	N	T	R	I	N	G	E	K	L	U	K	O	N

»Aber warum haben Sie das Geld denn nicht im Wald abgeholt?«, fragt Hannes. »Ich wusste doch, dass die Polizei eingeschaltet war, und habe mich einfach nicht getraut«, sagt Klarissa kläglich. »Ich dachte, wenn ich ein paar Übergaben inszeniere, verliert die Polizei irgendwann das Interesse und dann schlage ich zu. Es ist ja doch nur ein Hund, der entführt worden ist, und Sie haben bestimmt Besseres zu tun ...« »Apropos, nur ein Hund! Wo haben Sie eigentlich Purzelchen versteckt?«, will Anni wissen

Wo hat Klarissa Purzelchen versteckt?

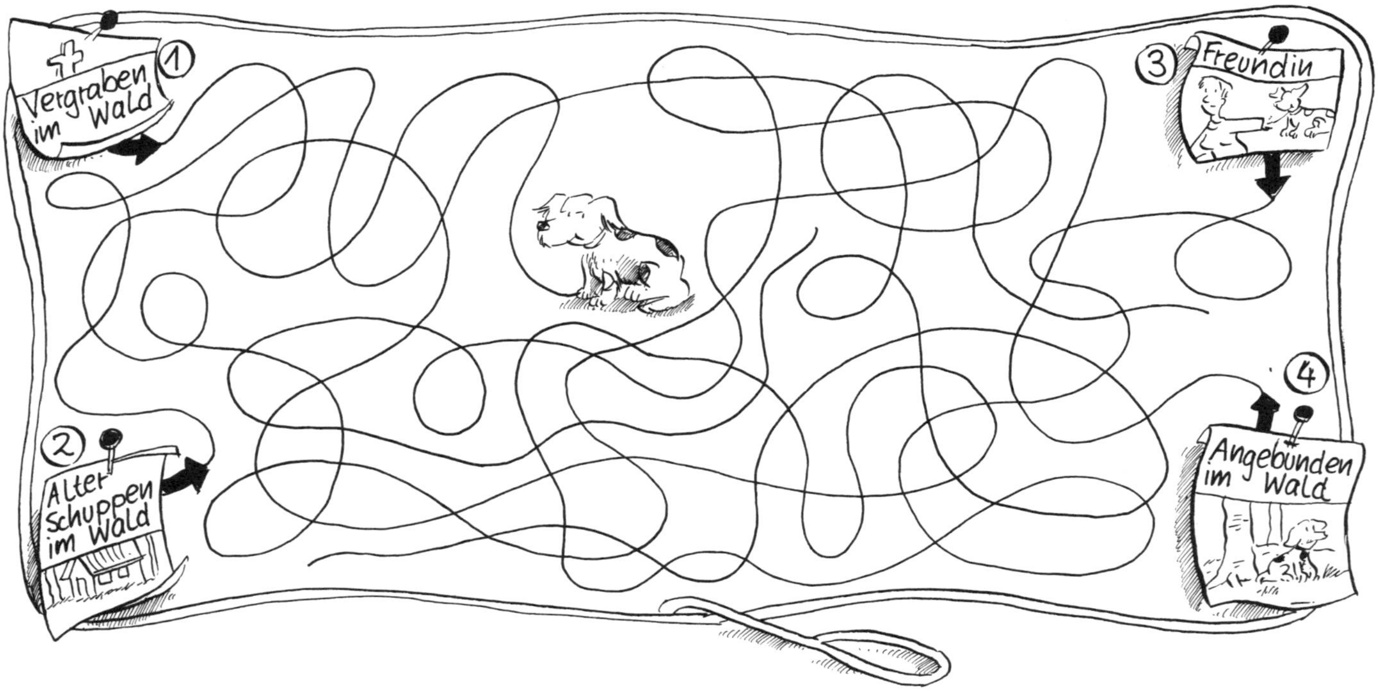

Sofort greift Anni zum Telefon, um Adelaide zu informieren und sie zu bitten, unverzüglich zu Purzelchens Aufenthaltsort zu kommen. Hier siehst du, wie Adelaide einerseits glücklich wegen Purzelchen und andererseits völlig verstört wegen Klarissas Tat in den Sessel sinkt.

Welcher der neun Bildausschnitte gehört wohin und welcher passt nicht ins Bild?

Anni und Hannes fahren mit Adelaide zu Purzelchens Aufenthaltsort. Gespannt öffnen sie die Tür. »Hoffentlich ist meinem kleinen Liebling nichts passiert!«, bangt Adelaide. »Purzelchen? Komm zu Frauchen, komm ...«

Was dann geschieht, siehst du, wenn du die Zahlen in der richtigen Reihenfolge verbindest.

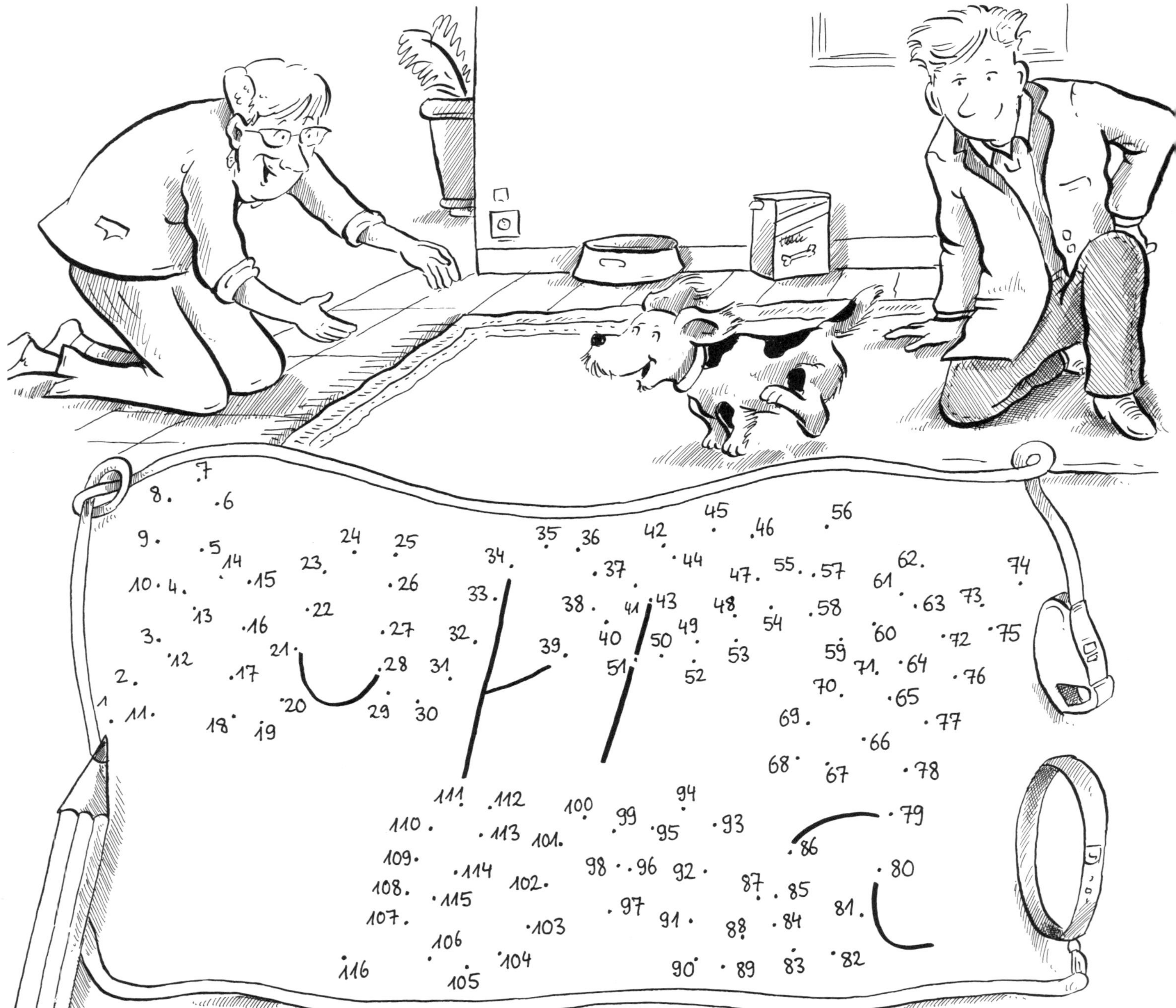

Hannes strahlt und muss einfach noch einen Witz vom Stapel lassen:
»Zwei Hundebesitzer brüsten sich mit den enormen Fähigkeiten ihrer vierbeinigen Freunde. Sagt der eine: ›Unser Hasso ist wirklich etwas Besonderes. In letzter Zeit bringt er uns jeden Tag die Zeitung von draußen.‹ ›Und was soll daran so besonders sein? Das können doch viele Hunde‹, meint der andere. ›Na ja‹, meint der erste, ›wir haben gar keine Zeitung abonniert ...‹«

Lösungen

Seite 2:
<u>oben:</u>

<u>unten:</u> Purzelchen

Seite 3:
Wir müssen das machen. Adelaide ist die Lieblingstante vom Chef.

Seite 4:
<u>oben:</u> Umschlag 2. Er ist nicht per Hand adressiert und hat keinen Absender.
<u>unten:</u> Wenn du deinen Hund lebend wiedersehen willst, zahle fünfundzwanzigtausend Euro. Warte auf weitere Anweisungen!

Seite 5:
Alfred ist in der oberen Bildreihe ganz links zu sehen, Klarissa in der mittleren Reihe ganz rechts.

Seite 6:
<u>oben:</u> A-L-F-R-E-D
<u>unten:</u> 1. Eva, 2. Boxer, 3. Tanne, 4. Welpen, 5. Ruede, 6. Reis, 7. Riegel.
Das Schiff fährt nach Venedig.

Seite 7:

Seite 8:

Seite 9:
Alfred ist bei Kaminskys.

Seite 10:
1. Blauwal, 2. Zebra, 3. Biber, 4. Zoo, 5. Fledermaus, 6. Affe, 7. Eber, 8. Tiger, 9. Elefant, 10. Gepard, 11. Ameise, 12. Fuchs, 13. Luchs, 14. Adler, 15. Hai, 16. Flusspferd.
Lösung: Frisoerbesuch.

Seite 11:
<u>oben:</u> Elfriede
<u>unten:</u> Lichtung im Buchenwäldchen

Seite 12:
Die gesuchte Tasche befindet sich im untersten Schrankfach in der Mitte.

Seite 13:
<u>oben:</u> Es handelt sich um den Ordner »Hundesteuer ab 1997« auf dem unteren Regalfach.
<u>unten:</u> Gut aufgepasst! Es liegen nur 24 670 Euro auf dem Tisch.

Seite 14:
oben: In den fünften Baum von rechts wurden die Buchstaben A+T geschnitzt.
unten: Der linke Ausschnitt zeigt die Lichtung. Du erkennst es an den Ästen des zweiten Baums von rechts.

Seite 15:
Verflucht noch mal, jetzt bin ich daemliches Rindvieh eingeschlafen!

Seite 16:
oben: 1. Nebel, 2. Kajak
unten: Heinz Hurtig, Olaf Obacht

Seite 17:

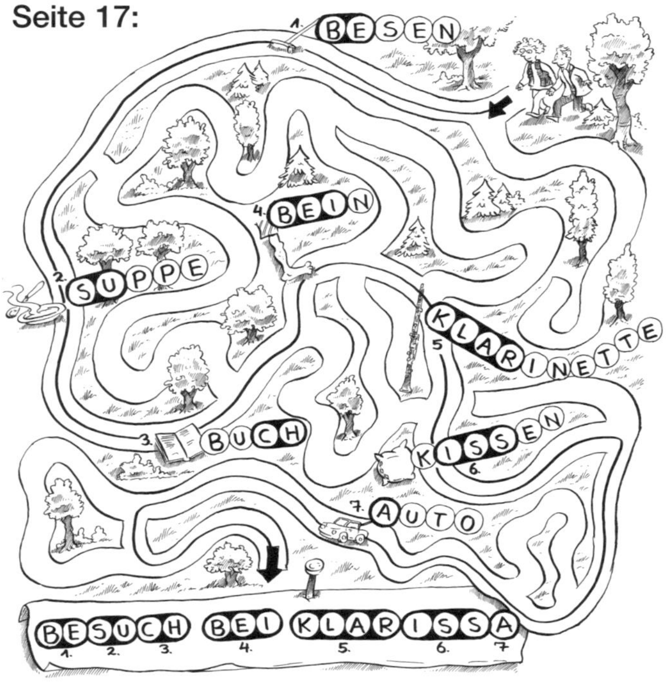

Seite 18/19:

Seite 20:
oben:

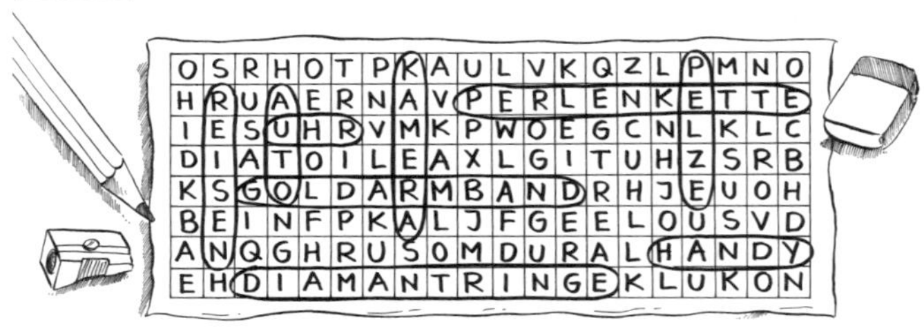

unten: Purzelchen ist bei einer Freundin von Klarissa.

Seite 21:
Ausschnitt 8 gehört nicht ins Bild.

Seite 22:
happy end

Bibliografische Information Der Deutschen Bibliothek

Die Deutsche Bibliothek verzeichnet diese Publikation in der Deutschen Nationalbibliografie; detaillierte bibliografische Daten sind im Internet über http://dnb.ddb.de abrufbar.

1. Auflage 2003

Konzept und Text: Ute Löwenberg
Illustration: Falko Honnen
Umschlaggestaltung: Christina Krutz/Harald Braun
Redaktion: Kathy Heyer, Anna Salmen-Legler
ISBN 3-7607-5887-8

www.arsedition.de